폭력에 관하여

/ The Slash

폭력에 관하여
ⓒ피스모모

초판 1쇄 2021년 10월 26일

기　　획　피스모모
펴 낸 곳　더슬래시
주　　소　서울시 서대문구 통일로 365 1층 & 3층
전화번호　02-6351-0904
이 메 일　peacemomo0904@gmail.com
홈페이지　www.peacemomo.org
페이스북　www.facebook.com/peacemomo0904
사　　진　하늬, 광희
디 자 인　소행성디자인
인　　쇄　도울인쇄

차례

책머리에 글을 한 번 써볼까요? · 4

질문을 던졌다, 내 몸을 감각하기 위해 · 10
하늬

춘천: 분단과 전쟁의 기억들 · 28
광희

"멈춰!"에 대한 단상 · 42
영철

두려움이 우리를 우리로부터 구원할 거야 · 54
아영

해제 폭력의 타래를 풀어내고 평화로 향하려면 · 62
조서연

/ 책머리에
글을 한 번 써볼까요?

우리, 각자 쓰고 싶은 글을 한번 써볼까요.

어디선가 요청하는 글이 아닌, 관심 있는 누군가를 위해 고안해내야 하는 문서가 아닌, 외부로 보이는 성명서가 아닌, 활동을 하면서 각자가 마음속에 품고 있었던 글을 써보기로 했습니다. 조금 더 긴 호흡으로 전하고 싶은 글을 쓰고 싶었습니다. 하나의 제안이 넷을 모았고, 이야기를 엮어 한권의 책이 되었습니다.

하늬, 광희, 영철, 아영은 모두 평화와 일상, 평화와 배움을 연결하는 플랫폼 '피스모모' 구성원이자, 평화/교육 활동가입니다. 각자 관심 분야와 다루고자 하는 주제는 조금씩 다르지만 평화와 평화교육에 대한 공통된 고민을 나누며 자신의 일상과 연결하고자 사유하고 실천하려 노력합니다. 개별이 이야기하고 있는 주제는 다르지만 펼쳐놓고 보니 전하고자 하는 메시지는 서로를 관통합니다. 의도하지 않았지만 확실했습니다, 어렵지 않게 제목을 정할 수 있었어요.

『폭력에 관하여』는 네 명의 필자가 각자의 위치에서 전쟁과 폭력, 군사적 안보와 그를 공고히 하는 교육에 대한 사유를 일상의 구체적인 모습으로 환원해 보이는 이야기꾸러미입니다.

하늬는「질문을 던졌다, 내 몸을 감각하기 위해」를 통해 자신의 질병에서 뻗어나가 어떻게 핵의 사용이 평화롭지 않은 방식으로 몸에 영향을 미치고 무수한 존재들의 삶을 위협하는지 물음을 던집니다. 몸과 핵발전소, 핵무기의 사용이 연결되어있음을 자각하며 그 이전의 삶으로 돌아가는 것은 어렵다 말합니다.

「춘천: 분단과 전쟁의 기억들」에서 광희는 '호반과 낭만'의 도시 춘천으로 향하는데 가장 먼저 펜스로 둘러싼 옛 캠프페이지 부지를 바라보며 분단의 현장을 마주하게 됩니다. 에티오피아 한국전 참전기념관, 춘천문화원에서 개최하고 있는 〈평양시민사진전〉을 둘러보며 어떻게 전쟁이 전시되고 기억되고 있는지, 희생과 헌신에 가려져 지금껏 말해지지 않았던 사람들의 상처와 흔적이 무엇일지 끊임없이 질문합니다.

영철의 글 「"멈춰!"에 대한 단상」은 지속적으로 재생산되는 폭력을 중단하기 위해, 하지만 2년여 만에 사장된 학교폭력 예방, 멈춰 프로그램에 대한 사유를 담고 있습니다. 인터넷 상에서 밈처럼 사용되기도 하지만 유쾌한 저항의 시작이 될 수도 있는, 견고한 폭력의 고리를 균열내보겠다는 누군가의 용기 있는 외침이 물결처럼 퍼져나갈 수 있는 가능성을 저버리진 않습니다. 무력을 행사하는 것이 일시적인 안전을 보장하는 것처럼 보이는 교실에서의 모습과 군사안보를 더욱 강화하는 국가의 모습이 겹쳐지며 "멈춰!"의 언동이 품고 있는 힘을 곰곰이 생각해보게 합니다.

'한 사람이 사라지는 일이 어째서 이 세상을 온통 멈추지 못하는 것일까'는 질문이 자꾸만 맴도는 아영의 글 「두려움이 '우리'를 '우리'로부터 구원할 거야」은 전쟁으로 인해 소멸되어버린 개별 존재의 삶을 복구해 들려줍니다. 사람을 사람으로 보지 못하게 하는 폭력이 얼마나 일상 속에 뿌리박혀 있는지, 누군가의 생명을 앗아가는 두려움마저 제거해버리는 장치들은 어떻게 재생산되고 있는지 묻습니다. 동시에 '우리'가 두려워해야만 하는 것은 무엇인지, 그리고 그 '두려움' 덕분에 살아갈 수 있을지도 모를 '우리'에게 말을 겁니다.

네 편의 글로 '폭력'의 복잡다양한 면모를 모두 담을 수 없습니다. 하지만 각자의 주변에서, 특정한 장소에서 혹은 여행을 하면서 마주하게 되는 각기 다른 폭력의 형태와 그로 인해 생성되는 질문, 더 나아가 문제를 제기하고, 생각이 확장됩니다. 여기서부터 시작할 수 있겠지요. 부족하나마 하늬, 쫭희, 영철, 아영의 글이 또 다른 독자를 만나 잔잔한 호수에 던져진 돌멩이가 만든 파장처럼 넓게 퍼져나가길 기대합니다. 서로의 이야기가 만나 함께 채우며 영글어지는 시간이 되기를 바랍니다. 그렇게 되면 참 좋겠습니다.

2021년 11월
다른 필자들과 함께
하늬 드림

질문을 던졌다, 내 몸을 감각하고 싶어서

하늬

평화 활동가이며, 일상과 평화의 연결을 고민하고 실천한다. 서로의 이야기가 만나 글로 직조하는 과정이 소통과 공감의 힘을 만들 수 있음을 배우고 있는 중이다. 아픈 몸의 시선으로 질문을 던지고 변화의 가능성을 꿈꾸며, 음악과 함께 춤추는 것을 좋아한다.

질문을 던졌다, 내 몸을 감각하고 싶어서
하늬

지난해 5월 처음으로 받았던 정밀 건강검진에서 갑상선 오른쪽에 이상이 있다는 것을 발견했다. 검사 결과를 보던 의사는 요즘 워낙 의학 기술이 발달해 세밀한 것까지 다 포착한다고, 별 것 아닐 수 있지만 석회화가 의심되니 추가 조직 검사를 해볼 것을 권유했다. 덜컥 겁이 나기도 했지만 갑상선이 아팠던 적도 없고 평소 몸의 걱정했던 부위도 아니어서 크게 염려하지 않았다. 하지만 조직 검사 결과는 기대와 달랐고 의사는 오랜 이야기 끝에 수술을 권유했다. 그때만 하더라도 내가 왜 갑상선암에 걸렸는지 이해하기 어려웠다.

나를 진료했던 의사는 갑상선암의 발병 원인을 뚜렷하게 알기 어렵지만 가족력이나 방사선 노출 등에 의한 가능성을 말

했다. '방사선'이라는 생경한 단어를 조용히 읊조리고 있으니 의사는 가족 중에 갑상선으로 수술한 사람이 없는지 물었다. 딱히 생각나는 사람이 없어서 고개를 저었고 의사는 화제를 전환했다. 진료를 모두 받고 나와서도 이상한 기분에 휩싸였다. '방사선이라니, 부산 앞바다에서 잡히는 생선을 너무 많이 먹은 탓일까.' 우습지만 가장 먼저 든 생각이었다. 고향이 부산인데 근처 바닷가에 원전시설도 있고 2011년 일본 후쿠시마 핵발전소 사고로 방사능 유출도 심각했으니 그 영향을 받은 것이 아닐까 싶었다. 하지만 부모님이 부산이 살고 계시니 더 생각하고 싶지 않아 머릿속에서 얼른 지워버렸다.

암은 그냥 생겼다고 믿고 싶은데

『아픈 몸을 살다』의 저자 아서 프랭크는 "암은 단지 신체 과정의 일부로, 그냥 생겼다"라고 말한다. 상당히 의학적인 설명이기도 한데, 배아 발생기에 세포에서 일어나는 과정 중 일부가 잘못되어 암이 생긴다는 것이다[1]. 저자는 암이나 질병을 경험하는 사람들이 자신이 무엇인가 부족하거나 일상 습관 등이 잘못되어 질병이 생겼을 거라는 자책을 덜어내기 위해, 암이 자신에게 찾아온 것이라 생각하길 권유한다. 내가 유육종증을 앓고 있다는 진단을 받았을 때 저자의 말은 굉장

---

1) 아서 프랭크, 메이 옮김, 『아픈 몸을 살다』, 봄날의 책, 2017, 139쪽.

히 위로가 되었다. 유육종증은 발병 원인을 뚜렷하게 알 수 없는 자가면역질환인데, 원인을 알 수 없으니 가장 먼저 내가 무엇을 잘못했는지를 곱씹어 보던 차였기 때문이다. 그런데 갑상선암 진단을 받았을 때는 마음이 조금 달랐다. 우연히, 그냥, 찾아왔다고 넘겨버리기엔 일련의 질병들이 너무나 가혹하게 느껴졌다.

갑상선암 진단을 받고 얼마 뒤, 셋째 이모가 갑상선암 수술을 했다는 소식을 접했다. 아, 가족력일 수도 있겠구나 싶었는데 그 생각은 더 이상 하지 않기로 했다. 애정하는 가족에게 원인을 묻고 싶지 않았다. 그래서 그냥 생겼다는 근거에 기대기로 했다. 세포가 자라다가 변이가 되어 암으로 되었겠지, 이건 누구의 잘못도 아닌 거야. 그런데 의료협동조합 살림의 의사이자 우리 동네 주치의이기도 한 추혜인의 『왕진 가방 속의 페미니즘』은 갑상선암 원인에 대한 새로운 이야기를 들려준다.

왜 유독 한국과 일본에서만 갑상선암이 이렇게 많이 발생하는가에 대해서 전문가들 사이에서는 의견이 분분하다. (중략) 하지만 체르노빌에서 1986년에 날아왔던 방사선 낙진의 영향이 과연 없을까?[2]

---

[2] 추혜인, 『왕진 가방 속의 페미니즘』, 심플라이프, 2020, 257-258쪽.

저자는 체르노빌 핵발전소 사고 이후 시중 우유 소비량이 줄어들자 초등학교 학생들에게 우유 급식을 더 많이 하도록 했던 기억을 꺼내며 현재 한국의 갑상선암 발병이 체르노빌 사고와 무관하다고 보기 어렵다고 말한다. 또한, 2011년 3월 후쿠시마 핵발전소 사고 이후 쿠로시오 해류를 타고 북태평양을 건너 캘리포니아 앞바다까지 퍼진 방사선 낙진이 미국 캘리포니아에서 태어난 아기의 갑상선 기능 저하를 초래한다는 연구 논문이 발표되어 화제가 된 적이 있음을 상기한다. 그러면서 갑상선암과 갑상선기능저하증을 예방하기 위해 노후된 핵발전소를 점진적으로 폐쇄해야 하는 것이 아닌가 하는 예방적인 주장을 한다. 발병 원인을 묻지 않기로 했던 나 자신에게로 돌아가 질문을 했다. 나의 갑상선암과 체르노빌 핵발전소 사고, 후쿠시마 핵발전소 사고는 전혀 무관하다고 자신할 수 있을까?

쓰나미가 밀어버린 핵발전소는 결국

지난여름, 45일간 지속된 장마를 경험하며 많은 사람들이 이 장마는 비가 아니라 '기후위기'라고 했다. 한국의 여름 장마라면 떠올릴 수 있는 것들, 예를 들어 6월 말에서 7월 초 장마가 있고 나면 찾아오는 뜨거운 무더위, 그 후에 찾아오는 태풍 등 몇 번의 여름을 경험하면 예측할 수 있는 날씨의 경향이라는 게 있다. 그런데 지난여름은 달랐다. 하루 종일 내리는 비가 아니라 돌풍과 우박을 동반하기도 한 비는 짧은 시간

거세게 내렸고 아주 길게 머물렀다. 날씨를 예측하지 못한 사람들이 사고가 났다는 소식을 뉴스를 통해 자주 듣게 되었다. 그저 멀게만 느꼈던 기후위기를 피부로 체감하게 되는 여름이었다.

이런 날씨의 변화는 핵발전소의 안정성에도 영향을 주었는데 지난해 7월, 경상북도 울주군에 있는 신고리 3.4호기 일부 시설이 집중호우로 침수되었고 2014년 8월 부산 기장군 고리 2호기가 많은 비로 인해 배전반이 침수되어 취수 펌프가 정지했다. 침수가 뭐 그리 큰 대수이겠나 싶지만 2011년 후쿠시마 핵발전소 사고 역시 대지진으로 인한 쓰나미로 발전소가 침수된 경우다. 발전소 침수로 전기 공급이 끊기자 원자로 노심을 식혀주는 냉각수 유입이 중단되어 핵연료봉의 노심이 녹아내렸고 수소 폭발이 이어지면서 다량의 방사능이 유출되었다.[3] 또한 대부분 해안가에 건설되어 있는 핵발전소가 해수면 상승으로 점점 물에 잠길 수 있는 위험성 역시 배제하기 어렵다. 태풍이나 해일, 폭우와 같은 자연재해뿐만 아니라 폭염으로 인해 핵발전소를 중단하는 경우도 발생한다. 아무리 안전하게 핵발전소를 짓는다고 하더라도, 여러 겹으로 단단하게 핵폐기물 처리장을 건설한다고 하더라도 완벽하게 사고를 예방하기 어렵다.

---

3) 탈핵신문, 기후위기와 탈핵(6)_지구온난화는 핵발전소도 위협한다, https://nonukesnews.kr/1922?category=741233

한국은 현재 24기의 핵발전소를 보유하고 있으며, 추후 최대 28기까지 늘어나게 된다.[4] 미국과 중국, 러시아, 일본 프랑스를 이어 한국은 전 세계적으로 가동하는 핵발전소를 가장 많이 보유하고 있는 국가이며 관련 기술 또한 뛰어나다. 현 정부는 탈원전 정책과 탄소중립 달성을 내세우며 노후된 발전소를 중단하기도 했지만 여전히 새로운 핵발전소 건설 계획과 원전 기술 수출에 대한 국가 차원에서 대화가 오고간다. 핵발전소 건설을 지지하는 많은 사람들이 핵에너지가 안전하며 핵분열 시 이산화탄소를 배출하지 않는다는 이유로 친환경 에너지라고 주장한다. 어느 정도 맞는 말이지만 이는 핵발전소 사고에 대한 위험성과 안정성에 대한 우려는 여전하다. 또한 발전소 건설과 운영, 폐기물 보관 및 처리 과정 등을 고려한다면 마냥 저탄소 에너지원이라고 반길 수만은 없다. 사실 핵발전이 기후위기시대에 대안에너지가 될 것이냐는 오래된 논쟁이다. 2017년 기준, 국가별 온실가스 배출과 핵발전소 운영을 살펴보면, 중국과 미국, 인도, 러시아, 일본 등이 전 세계에서 가장 많이 온실가스를 배출하는 국가이며 이들의 핵발전소 운영 순위는 모두 세계 10위권을 차지한다. 한국은 가동하는 핵발전소 순위가 세계 6위이며, 온실가스 배출량은 11위이다.[5] 물론 단순하게 비교해서 모든 경향을 설명

---

4) 환경운동연합, 탈핵 활동소개, http://kfem.or.kr/?page_id=153556

5) "기후위기와 탈핵(7) - 핵발전소는 기후위기 극복에 이미 실패한 해법", 탈핵신문, https://nonukesnews.kr/1957

할 수는 없지만, 핵발전소를 많이 건설한다고 해서 지구온난화를 멈추는데 기여한다고 주장하기는 어렵다. 더욱이 쓰나미로 인한 핵발전소 침수 결과로 무시무시한 양의 방사능은 지상과 해저에 사는 수많은 생명체의 삶을 앗아갔다. 그리고 이는 기후위기를 더욱 악화시키는 또 다른 원인이 될 뿐이다.

'만약' 핵발전소와 핵무기 사고가 난다면

1950년 미국 대통령 아이젠하워는 핵에너지의 '평화적 이용'이라는 슬로건을 내세웠다. 아이젠하워 대통령은 소련연방국가들이 핵무기를 개발하는 기술을 보유하게 될 즈음 더 이상 미국이 기술을 독점할 수 없을 것이라 판단하고 비군사적 목적으로 사용할 수 있도록 했다. 최초의 원자로는 미국 핵무기 개발의 일환으로 탄생했는데, 핵무기 원료인 플루토늄을 추출하는 원자로에 증기발생기와 터빈만 설치하면 바로 핵발전소가 된다.[6] 앞에서 언급했듯이 전 세계에서 가장 많은 핵발전소를 보유하고 있는 국가는 미국과 러시아, 중국, 프랑스 등으로 이들은 동시에 핵보유국이기도 하다. 한국의 경우, 이승만 대통령 집권 시기에 미국이 한국에 핵발전소를 세울 것을 권유했다고 한다. 그 당시 원자력에 관한 어떠한 기술도 갖고 있지 않았지만 국가주도의 개발이 시작되었고 이후 박

---

6) 기후변화행동연구소, http://climateaction.re.kr/

정희 대통령은 핵발전소와 핵무기 제조를 동시에 성취하고자 했다. 하지만 한국은 핵보유국이 되지 못했고 이후 핵확산방지조약에 가입했다. 핵에너지를 이용한 무기개발은 지상뿐만 아니라 해저에서 군사 활동을 하는 핵잠수함 개발에도 사용된다. 지금도 많은 국가에서 핵잠수함으로 군사훈련을 하는데, 얼마 전에도 미 해군의 LA급 핵잠수함이 동해에서 지상의 주요 시설 제거를 위한 토마호크 순항미사일 시험 사격 훈련을 벌였다.[7]

문득 그런 생각이 들었다. 한국과 중국, 일본을 포함하는 동북아시아 지역은 핵발전소가 다른 지역에 비해 많은 편이며 군사적 긴장도 높다. 해안가 지역의 핵발전소와 주변 바다에서 핵잠수함을 이용한 군사훈련이 벌어진다. '만약에'라는 상상을 결코 하고 싶지는 않지만, 아주 조그마한 실수에도 엄청난 일이 벌어질 수 있다는 점, 그 결과의 파장이 얼마나 강력할지 아찔했다. 또, 그렇게 쏘아대는 미사일이 바다 저 깊숙한 생태계를 얼마나 파괴하고 있을지도.

지금은 핵폭탄 실험을 가상현실에서 진행하지만, 몇 십 년 전만 하더라도 지구는 핵실험장이었다. 대표적으로 1945년부터 1958년까지 모두 67차례 핵실험이 자행되었던 비키니섬이 있는 태평양 마셜 제도이다. 핵실험 당시만 하더라도 마

---

7) 美 핵잠수함, 동해서 이틀간 토마호크 타격 훈련, OBS 뉴스, 2021년 5월28일, http://www.obsnews.co.kr/news/articleView.html?idxno=1312121

셜 제도는 미국 영토였지만 현재는 독립된 주권을 갖고 있다. 미국 컬럼비아대 연구진이 미국국립과학원회보(PNAS)를 통해 발표한 자료에 따르면, 마셜 제도 각지에서 채취한 토양 샘플을 분석한 결과 모두 11개 섬에서 방사성물질을 발견했으며 일부에서는 체르노빌이나 후쿠시마보다 10배에서 최대 1000배까지 많은 방사능이 나오는 곳도 있었다고 한다. 문제는 이 방사성물질이 해수면 상승으로 인해 앞으로 계속 해수로 녹아들어갈 수 있다는 점인데,[8] 이렇게 된다면 50년이 지나도록 잔해로 남아있는 오염물질은 태평양제도 인근뿐만 아니라 해류를 타고 방대하게 확산될 가능성이 농후하다. 또 다른 곳은 프랑스 정부가 1966년부터 1996년까지 핵실험을 한 남태평양 폴리네시아 부근이다. 비밀리에 진행한 실험도 많을뿐더러 핵실험으로 인한 오염과 피해 정도를 측정한 수치도 낮다고 최근 연구 자료에서 밝혔다. 프랑스는 1960년 알제리의 사하라사막에서 첫 핵실험을 실시했으며, 알제리 독립 후에 폴리네시아에서 실험을 이어갔다.[9] 미국과 프랑스 정부 모두 자신의 식민지였던 곳에서 핵실험을 진행했고 그곳에 삶을 터전을 이루고 사는 존재들에 동의 없이 이루어졌다. 선주민들에게 보상이 진행되었으나, 그 수치 역시 은폐되

---

[8] 핵실험 60년 마셜제도…"후쿠시마보다 최대 1000배 방사능, 경향신문, 2019년 7월 21일, https://www.khan.co.kr/environment/environment-general/article/201907212143015#csidx271db8b3304010ea9b30fc6eecdbf5a

[9] 프랑스, 남태평양 핵실험 피해 실상 은폐, 한겨레, 2021년 3월 10일, https://www.hani.co.kr/arti/international/international_general/986213.html#csidxa373b455f4e5e48969881ed19f142d5

고 미미했다.

누군가의 '안전'을 빌미로 진행되었던 전쟁 준비는 누군가의 몸을 가장 안전하지 않은 상태로 만들어 버렸다. 개별의 몸을 담보로 한 위험한 행동들이 과거의 것이라고만 생각하지 않는다. 과거의 것이 지금의 몸들에게까지 영향을 주고 있는 것도 두렵지만, 지금도 전 세계 곳곳에서 대다수의 사람들이 잘 알지 못하는 어딘가에서 전쟁 준비가 일어나고 있는 것이 더 두렵다.

내 몸이 어떻게 구성되어 있는지 감각하고 싶어서

『아파도 미안하지 않습니다』의 저자 조한진희는 '질병의 개인화'에 대한 문제를 짚으면서 개인의 아픔이 결코 개인 홀로 감당해야 할 것이 아님을 말한다. 동시에 아프다는 이유로 소외감을 느끼거나 배제하는 문화와 구조에 대한 사회적 책임을 적극적으로 질문하는 것을 제안한다. 다시 말하자면, 질병이 오로지 개인의 것으로 되는 순간 몸은 탈정치화된다. 꼭 몸이 정치화될 필요가 있을까. 만약 그렇지 않다면, 핵발전소 주변지역 주민들의 갑상선암 발병률에 대한 증언들에 대해서는 어떻게 물을 것이며 삼성 반도체 노동자들에게 발생하는 백혈병, 일부 가습기 살균제로 인한 피해에 대해선 어떻게 대답할 수 있을까.

분명 질병에는 다양한 원인이 존재한다. 세포 변이로 그냥 암이 생길 수도 있고 어느 날 문득 찾아올 수도 있지만, 특정한 상황과 구조 때문에 발생하는 것도 있다. 기술이 고도화될수록 질병의 원인은 비가시화되고 직접적인 연관성을 찾기 어려우며 밝히는 데 많은 시간을 필요로 한다. 마치 나의 갑상선암과 오래전 일어났던 두 핵발전소 사고의 연계성처럼 말이다. 사실 그냥 생겨 버렸다고 믿으면 편하다. 그 어느 누구를 질책하거나 원망하지 않아도 되니까. 하지만 누군가가 그냥 생기지 않았다고 질문을 던지고 자그마한 근거를 내민다면, 그리고 그 원인들이 여전히 존재하고 다른 존재와 몸들에게도 치명적인 영향을 준다면, 상황은 조금 달라진다.

왜 유독 한국과 일본에서만 갑상선암이 이렇게 많이 발생하는가에 대해서 전문가들 사이에서는 의견이 분분한다. (중략) 하지만 체르노빌에서 1986년에 날아왔던 방사선 낙진의 영향이 과연 없을까?[10]

위 질문을 가만히 되새겼던 날을 기억한다. 30년 전 체르노빌에서 발생했던 핵발전소 사고와 내 몸이 어떻게 연결되어 있을까 여전히 멀게만 느껴지기도 했다. 하지만 그렇다고 전혀 무관하다고 확신할 수도 없기에 그때부터 천천히 생각하게 되었다. 체르노빌과 후쿠시마에 왜 핵발전소가 만들어졌을

---

10) 위의 책, 동일.

까. 쓰나미와 같은 자연재해에 핵발전소가 얼마나 취약하기에 방사능이 유출되어 얼마나 방대하게 퍼져나갔을까, 어디로 흡수되어 어떻게 변화했을까. 핵무기의 평화적 이용으로 핵발전소가 건설되기 시작했는데, 정말 '평화적'으로 활용되었을까. 군사훈련이라는 명목으로 얼마나 많은 국가에서 전 세계 곳곳에 핵폐기물들을 만들고 버려대고 있을까. 그건 또 어디로 흘러들어갈까.

나의 것이라고만 생각했던 몸이었다. 그런데 아픈 몸으로 살아가면서 궁금해졌다. 과연 내 몸은 어떻게 구성되어 왔을까, 그리고 지금도 벌어지고 있는 수많은 사건과 사고에서 내 몸은 얼마나 자유로울까. 질문은 던져졌고, 아무것도 모르던 때로 돌아갈 수는 없을 것 같다.°

춘천: 분단과 전쟁의 기억들

광희

분단과 평화의 문제를 고민하며 평화 활동을 시작했다. 국제정치의 구조적 제약과 모순이 어떻게 우리 삶과 연결되어 사회적 갈등과 폭력을 발생시키고 정당화하는지에 대해 관심을 가지며, 활동을 이어가고 있다. 최근에는 분단을 해체하고 지속 가능한 평화 담론을 확산하기 위한 실천으로서의 평화기행에 많은 관심을 가지고 있다.

춘천: 분단과 전쟁의 기억들
광희

작년 생일에 내가 태어난 연도에 출시된 오래된 필름 카메라를 구입했다. 그리고 그 카메라로 분단의 현장을 돌아다녀 보고 싶었다. 사진이 잘 찍혔는지 바로 확인이 되지도 않고, 현상을 하고 사진이 마음에 들지 않아도 돌이킬 수 없는 불편함을 감수해야 하기에 한장의 사진을 찍기 위해선 많은 시간과 생각이 필요했다. 어떻게 바라보고 사진을 찍는 것이 좋을까? 어떤 렌즈로 찍는 것이 좋을까? 난 이 사진 속에 무슨 이야기를 담고 싶은 걸까? 등과 같은. '공간에 시간과 이야기가 더해지면 장소가 된다'는 말이 있다. 하지만 이제까지 분단의 현장이 품은 시간과 이야기는 국가의 이름으로 쓰여져 왔다. 불편하지만 느리게, 다양한 시선으로 분단의 현장을 기록하고 기억한다는 것은 아마도 국가란 이름 아래 가려진 수 많은 이야기들과 관련된 것은 아닐까?

국가는 주로 분단의 현장을 승리와 희생, 적과 우리의 서사로 말해왔다. 우리는 그 서사에 압도되어 국가가 말하지 않는, 국가에 의해 가려진 이야기들에 주목해 보지 못했다. 그리고 국가는 자신의 이야기를 통해서 우리가 상상할 수 있는 평화의 지평을 좁혀왔다. 국가의 이름으로 행해진 폭력과 부정은 정당한 것이어야 했고, 때론 우리의 안보를 위해 어쩔 수 없는 불가피한 선택이어야만 했다. 반면, 국가가 규정한 적에 의해 행해진 모든 행동은 우리의 생존을 위협하고, 불순한 의도를 가진 것이었다. 이렇게 납작하게 눌려진 이분법적 시선으로는 지금의 현실을 넘어서는 평화에 대해 상상하기 어렵다.

분단의 현장에 대한 이야기를 시작한다면 어느 곳에서 시작해 보면 좋을까? 우리의 시선이 오랫동안 머물지 않았던 주변의 이야기를 찾던 중 문득 텔레비전에서 본 장소가 떠올랐다. 그 곳은 바로 춘천에 위치한 에티오피아 한국전 참전기념관이었다. 에티오피아는 평소 산미가 있는 커피를 좋아해 커피 산지로 유명한 곳 정도로 생각을 해왔는데 춘천에 참전기념관이 있다는 것이 매우 흥미로웠다. 그리고 한국전쟁에 참전한 수많은 국가들, 군인들의 이야기가 궁금해졌다. 생전 처음 들어봤을 수도 있는 먼 곳에서 일어난 전쟁에 그들은 왜 참전하게 된 것일까? 그리고 지금은 어떤 삶을 살고 있을까? 국가는 이들에 대해 어떤 이야기를 하고 있을까? 그리고 국가가 이야기 하지 않는 가려진 이야기는 또 무엇이 있을까? 꼬리에 꼬리를 무는 질문들을 쫓아 가보기로 했다.

국가가 기억하는 한국전쟁 참전국

국가기록원에 따르면, 한국전쟁에 참여한 참전국은 1951년 초까지 총 16개국으로 북미 2개국(미국, 캐나다), 남미 1개국(콜롬비아), 아시아 4개국(호주, 뉴질랜드, 필리핀, 태국), 아프리카 2개국(남아공화국, 에티오피아), 유럽 7개국(영국, 벨기에, 프랑스, 그리스, 룩셈베르크, 네덜란드, 터키)이다. 이들 국가는 유엔이 요구하는 최소병력인 1,200명 이상을 한국에 파견했다.[1]

에티오피아의 한국전 참전 부대인 강뉴Kagnew부대는 1951년 5

---

1) 6.25전쟁과 유엔, https://theme.archives.go.kr//next/unKorea/koreaWar.do

월 6일에서 1954년 7월 10일까지 약 3년간 3차에 걸쳐 1,200명 규모로 파병이 되었다. 그리고 이들은 한국전쟁 기간 동안 부상 536명, 사망 122명의 피해를 입었으나 단 한명의 포로도 남기지 않았다. 강뉴부대는 단장 능선전투, 요크-엉클고지 전투 등에 참전했다. '혼돈에서 질서를 확립한다'는 이름 그대로 대한민국을 전란의 혼돈에서 구해내기 위해 헌신했으며, 1974년 에티오피아의 공산화 이후 참전용사들은 어려움을 겪고 있지만 대한민국을 수호했던 기억은 자랑스럽게 여기고 있다.[2]

참전국의 숫자와 규모, 그리고 그들이 참전했던 전투와 피해를 통해 전해지는 희생과 헌신의 서사에는 개별 존재로서 그들이 전쟁에 참전하게 된 이유와 전장이라는 참혹한 공간 안에서 개인이 마주해야 하는 죽을 수 있다는 공포와 누군가를 죽여야 한다는 두려움, 죄책감 그리고 전후에 오롯이 스스로 감당해야 하는 트라우마는 감춰져 있다.

분단과 전쟁, 그리고 춘천

기후변화로 변덕스러운 날씨가 예상되던 토요일 아침, 용산역에서 춘천으로 가는 기차를 탔다. 주말 오전이라 기차 안에

---

[2] 6.25전쟁 유엔참전국 이야기 ②편, 아프리카 유일의 지상군 파병국 '에티오피아', https://m.blog.naver.com/mpvalove/221325615270

는 춘천으로 나들이를 떠나는 사람들이 많았다. 내 앞자리에는 자전거를 싣고 오후의 날씨를 체크하며 라이딩을 떠나는 청년들이 잡담을 나누고 있었다. 춘천을 홍보하는 스크린 화면에서 '낭만' 그리고 '호반'이라는 글자가 눈에 들어왔다. 춘천은 서울 근교에 인접해 있고, 강과 호수 그리고 산이 많아 주말이면 많은 사람들이 나들이를 온다. 주로 청평사, 소양강 등을 둘러보고 닭갈비와 막국수를 먹으며 하루를 보낸다. 요즘은 자전거를 타러 오는 사람들도 많이 늘었다고 한다. 하지만 '호반과 낭만'의 도시인 춘천역에서 처음으로 우리를 맞이하는 것은 펜스로 둘러쳐져 있는 넓은 공터, 바로 옛 캠프페이지 부지이다.

1950년 한국전쟁 당시 미군의 비행장으로 시작하여 2005년 한국에 반환될 때까지 캠프페이지에는 주한미군이 주둔했다. 그리고 반환 이후 현재까지 캠프페이지 토양 오염 문제가 해결되지 않아 사용할 수 없는 땅으로 남겨져 있다. 현재 춘천 시민사회를 중심으로 한 민관합동조사단이 토양 오염 재조사를 진행하고 있다. 하지만 토양 오염에 대한 책임을 주한미군에게 묻고 있지 못한 현실이 답답했다. 춘천역에 도착해 역 앞의 택시 정거장에서 바로 택시를 타고 이동을 한다면 길 건너편의 넓고 긴 공터와 펜스를 인지하지 못할 수도 있다.

춘천역을 뒤로하고 춘천기행의 첫 번째 목적지인 '예술소통공간 곳'을 방문했다. 올해 춘천문화재단의 지원으로 매달 이곳에 입주한 작가전을 개최하고 있는데 마침 5월 전시가 정

우진 작가의 <1972, 캠프페이지>였기 때문이었다. 10분 남짓한 짧은 영화는 1972년 캠프페이지에서 있었던 것으로 추정되는 핵무기 사고를 모티브로 하고 있다. 당시 캠프페이지에 근무했던 퇴역 미군의 증언을 통해 2011년에 이 사실이 보도되었지만, 이에 대한 공식적인 미군의 입장과 확인은 현재까지 이루어지지 않고 있다. 캠프페이지 정문 앞에 위치한 고등학교를 다녔다는 작가는 2020년 이 사실을 마주하고 충격을 받아 이 영화를 만들게 되었다고 한다. 현재 기지는 반환되고 미군은 그 자리를 떠났지만 펜스 넘어 땅 속에는 여전히 안보라는 이름에 감춰진 파괴와 오만이 남겨져 있다.

처음 계획했던 일정은 '예술소통공간 곳'을 둘러보고, 에티오피아 한국전쟁 참전기념관으로 갈 생각이었다. 하지만 영화를 보고 나오려던 찰나에 시선을 끄는 포스터 한장을 발견했다. 그것은 바로 춘천문화원에서 개최하고 있는 <평양시민사

진전> 홍보 포스터였다. 지하철 위로 머리만 나와 있는 노동자들의 모습이 재밌게 표현되어있는 사진을 보며, 문득 작가의 눈에 비친 평양 사람들은 어떤 모습일까? 라는 궁금증이 들었다. 예매해 놓은 기차 시간을 확인하고, 기행의 일정을 변경해 <평양시민사진전>이 열리고 있는 춘천문화원 의암전시실로 발걸음을 옮겼다.

<평양시민사진전>은 뉴요커 기자 에반 오스노스의 평양 취재에 동행한 사진작가 맥스 핀커스가 평양에 머문 4일 동안의 기록을 담은 것이었다. 사진전 소개 자료에는 "프로파간다와 이데올로기의 모습을 탈색한" 평양시민의 일상의 모습을 선보인다고 적혀있었다. 프로파간다와 이데올로기는 국가가 자신의 정당성을 확보하기 위해 만들어내는 대표적인 서사이자 기제이다. 그 안에서 개인의 다양성과 개별성은 부정되

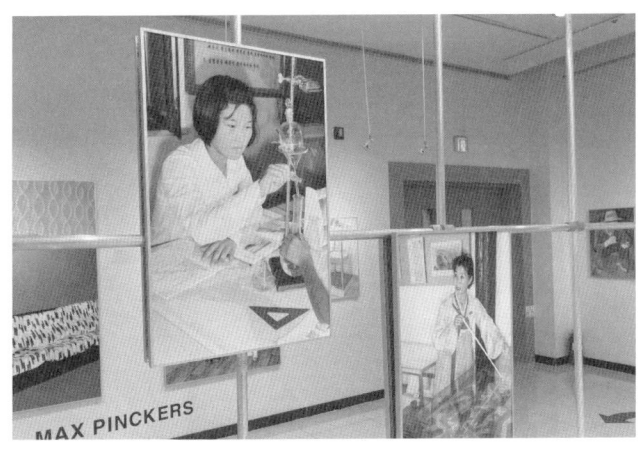

며 국가를 위한 도구로 전락한다. 이를 탈색했다는 작가의 시선에는 또 다른 의미의 프로파간다와 이데올로기가 스며들어 있는 것 같았다. 이들 사이에서 나는 결국 "그들의 일상"과 마주하지 못했다.

아쉬움을 뒤로하고 에티오피아 한국전쟁 참전기념관에 도착했지만, 에티오피아 한국전쟁 참전기념관은 코로나19로 인해 장기 휴관 중이었다. 그 옆에 위치한 에티오피아의 집에 자리를 잡고 다른 곳에서 쉽게 구할 수 없다는 에티오피아 하라르 커피를 주문했다. 하라르 커피는 어떤 맛일지 무척 궁금했다. 그리고 왜 에티오피아 한국전쟁 참전기념관은 춘천에 있을까? 란 물음이 떠 올랐다.

에티오피아의 집 소개자료에는 강뉴부대가 참전 기간 동안 춘천 일대의 중동부 전선에서 총253회 전투에 참여했고,

1968년 춘천 시민들이 강뉴부대의 희생을 기리기 위해 에티오피아 참전 기념비를 현재의 에티오피아의 집 입구에 건립했다고 쓰여 있었다. 당시 5월 19일 제막식 행사에는 에티오피아의 황제인 하일레 슬라세 1세가 방문했는데 그의 요청으로 에티오피아의 집이 1968년 11월 25일에 개관을 하게 되었다고 한다. 아마도 이러한 인연으로 에티오피아 한국전쟁 참전기념관이 춘천에 위치하게 된 것은 아닐까 짐작해 본다.

국가는 어떻게 전쟁에 참전한 사람들을 이야기 할까? 얼마만큼의 인원이 어느 기간 동안 어떤 전투에 참전했고, 어떤 성과를 얻었으며 우리는 그들의 헌신과 희생을 기억해야 한다. 수치화된 평가와 승리, 희생의 서사를 통해 우리에게 전달하고자 하는 것은 무엇일까? 그리고 그 서사에 가려진 전쟁과 사람에 대한 이야기는 무엇일까?

에티오피아 한국전 참전군인들은 "황제의 명에 따라 평화를 지키기 위해" 참전을 했지만, 그들은 누구와 싸우는지도 모른 채 전쟁에 휩쓸려 다녔고, "다치지 않고 무사히 고국에 돌아온 것 자체가 행복"했다고 당시를 회상했다.[3]

그리고 이들은 참전 후 20년이 지난 1974년 에티오피아가 공산화 된 이후 부터는 국가의 지원이 끊기고, 재산을 몰수 당하는 등의 핍박을 받았다. 국가의 이데올로기가 바뀜에 따라 영웅의 서사가 적대의 서사로 바뀐 것이다. 그렇다면 그들이 참여한 전쟁은 누구를 위한, 무엇을 위한 전쟁이었는가? 란 물음이 남는다. 국가는 자신들의 필요에 따라 전쟁과 그 전쟁에 참여한 사람들의 서사를 편집한다. 그리고 그 과정에서 실제 전투에 참여한 사람들이 전후에 겪어야 하는 트라우마에는 관심을 가지지 않는다. 그들은 수치화되어 국가가 원하는 방식대로 영웅화되거나, 희생, 헌신의 이름으로 명명될 뿐이다.

복잡해진 생각을 이어가고 있을 무렵, 카페 창밖으로 비가 내렸다. 기차 시간을 확인하고, 카페를 나와 남춘천역까지는 짧은 거리지만 비를 피하기 위해 택시를 탔다. 역에 거의 도착했을 무렵, 이른바 '태극기 부대'의 행진이 택시 앞 도로를 가로 막았다. '태극기 부대'의 주류는 한국전쟁과 베트남전쟁을 직간접적으로 체험한 세대들이다. 세상을 바라보는 시각, 이

---

[3] [오래 전 '이 날'] "6.25는 끔찍한 전쟁…생환 뒤 생계 막막", 경향신문, 2020년 6월 24일, https://www.khan.co.kr/world/mideast-africa/article/202006240005001

념의 차이를 떠나 그들이 왜 길거리로 나오게 되었을까? 란 물음이 들었다. 다음 기행에서는 이와 관련된 지역과 이야기를 찾아보면 좋지 않을까? 기차 시간에 늦지 않기 위해 막힌 길목에서 택시를 내려 남춘천역으로 향했다. °

"멈춰!"에 대한 단상

영철

통일교육을 하며 비판만 하고 실천은 적게 하던 와중 피스모모를 만나게 되었다. 공부와 활동을 하다 어느 순간, 이렇게 계속 읽고 쓰고 생각하고 실천하며 살아가지 않을까 생각하게 되었다. 열심히 사랑하는 현명한 노인이 되려고 오래오래 건강하게 하기 위한 모드세팅 중이다. 소설 속 모모 같은 사람이고 싶다.

"멈춰!"에 대한 단상
영철

우스꽝스러운 "멈춰!"

올해 초, 같은 고등학교에 다녔던 친구들의 카톡방에서 한 영상을 공유받았다. 영상은 학교폭력을 줄이기 위한 멈춰 프로그램을 소개하고 있었다. 피해자가 "멈춰!"를 외치면 같은 반 학생들이 같이 "멈춰!"를 외치고, 선생님을 비롯 주위에 알려 폭력을 중단시키는 내용이다. 수많은 'ㅋ'과 함께 카톡방이 한차례 시끌시끌했다. 퇴근 후 피곤한 지하철에서 이게 뭐냐며 웃음을 멈출 수 없었던 기억이 난다.

멈춰 프로그램은 2012년 대구광역시 교육청에서 시작되어 2013년 전국 초중등학교에 도입, 2014년 이후 사장된 학교폭력 예방 프로그램이다. 프로그램과 효과성을 알리는 뉴스 영상이 2021년, 뒤늦게 인터넷 공간에서 확산되며 더 많은 사람들에게 알려졌다고 한다.

댓글창을 통해서도 알 수 있듯, 우리의 반응은 꽤 보편적이었다. 영상을 본 많은 사람들이 우스꽝스러운 대책이라는 평가와 함께 전형적인 탁상행정이라고 비판했다. 많은 인터넷 커뮤니티에서도 조롱의 뉘앙스를 담아 밈으로 사용하고 있었다.

왜냐면 현실에서 폭력은 멈추라고 해도 안 멈추기 때문이다. 폭력은 그렇게 단순하지 않기 때문이다. 이것은 폭력에 대한 오래된 공동의 앎이다. 어떤 상황에 있든, 폭력이 발생했을 때 "멈춰!"를 외치는 것으로는 충분하지 않다는 것을 모두가 직관적으로 알고 있다.

멈추라고 해서 순진하게 멈추기엔, 가해자는 한순간 생겨난 것이 아니다. 그동안의 삶에서 때릴 수 있고, 때려도 괜찮은 사람이 되어왔을 것이다. 어쩌면 가정을 포함해 또다른 폭력의 피해자로, 당연하게 여겨졌던 폭력을 되물림하는 것일 수도 있을테다.

이러한 맥락과 함께, 학교폭력은 학교 내에서만은 해결하기 어려운 뿌리 깊은 사회문제라는 문장을 되새겨본다. 가해자가 자라난 사회에서는 곧 누구나 가해자가 될 수 있는 가능성을 가지고 있다는 의미이기도 할 것이다. 어떤 다른 생각들이 또 가능할까. 멈춰 프로그램이 우스꽝스럽다는 감각을 공동의 배움으로 연결해보고 싶은 마음이 들었다.

억울한 "멈춰!"

한편, 우스꽝스럽다는 평가는 프로그램에 대한 충분한 이해가 없는 상태에서 기인한 것이기도 하다. 효과가 없다고 일축되기엔 억울한 측면도 있다. 온라인 환경에서 밈처럼 소비되는 현재와는 다르게, 실제로 학교폭력 예방에 효과를 본 학교들도 있다.

집에서, 학교에서, 직장에서, 각자의 일상에서 분명 "멈춰!"라고 이야기하고 싶은 순간들이 있을 것이다. 그러나 실제로 말하는 것은 어떤 형태로든 어렵다. 여러 사람이 모여있을 때에는 필연적으로 권력관계가 형성되고 작용하기 때문이다.

게다가, 대부분의 폭력은 가해자와 피해자 뿐 아니라 동조, 묵인 등을 통해 직간접적으로 공모한 사람들에 의해 가능해지고 지탱되기도 한다. '나만 유난 떠는 것은 아닌가,' '아무도 들어주지 않으면 어떡하지,' '오히려 불이익을 보는 것은 아닐까,' '지금 한 번만 참고 넘어가지 뭐.' 등의 생각으로 표현되지 못하는 경우가 많다.

이러한 상황에서 별안간 "멈춰!"를 외치는 것은 조금 이상해 보일 수 있다. 그러나 피해자가 직접 외치는 것, 폭력에 인내

하지 않는 사람이 있다는 것을 드러내는 것은 당연시되어온 폭력에 균열을 내는 어마어마한 의미를 가진다. 그렇게 외치기까지의 고민들과 용기를 생각하면 더욱 그렇다.

"멈춰!"의 신비한 힘은, 한 명이 외치면 고민했던 다른 누군가도 외치기 쉬워진다는 점이다. 같이 "멈춰!"를 외치는 주위 사람들의 적극적인 개입을 통해서, 분명히 폭력을 줄여갈 수 있다. 피해자가 피해자다움에 갇혀있지 않고 폭력 상황을 명백히 잘못된 것으로 규정하여 주도적으로 목소리 내는 모습, 같이 외치는 모습, 왜 의도는 사라지고 "멈춰!"라는 껍데기만 남았을까.

제대로 멈추려면

멈춰 프로그램은 노르웨이의 올베우스 프로그램에서 기인했다. 프로그램의 핵심은 '4대 규칙', '멈춰 제도', '역할극'이다. 폭력에 대한 이해를 바탕으로 구성원들이 공동체의 약속을 스스로 만드는 배움, 가해자-피해자-방관자 등의 위치가 되어보는 배움, 이러한 학습과 동반된 실천으로서 "멈춰"인 것이다.

국내에서도 도입 초기 학교에서는 그 맥락을 충분히 이해했지만, 확산되는 과정에서 철학에 대한 이해가 충분하지 않은 채 방법만 남게 되어 제도에 대한 평가가 달라진 것으로 보인다. 원래 멈춰 프로그램이 가지고 있었던 목적과, 멈추라고 말하는 행위의 의의를 되살릴 수는 없을까?

학교폭력 예방교육을 별도의 과목으로 편성하는 것이 아니라 공동체를 구성하는 문화를 바꿔가는 지속적 배움과정으로 운영해야 한다는 것. 그를 위해서는 권력관계가 이미 형성되기 전, 안전하고 수평한 배움의 공동체를 섬세하게 만들어가야 한다는 것. 인지 중심의 예방교육이 아니라, '되어봄' 또는 그에 준하는 다양한 방법을 활용한 교육이 실천으로 연결되기에 더 효과적이라는 것 등을 떠올려본다.

그러나 이들은 교육자로서의 생각이고, 보다 일상적인 실천을 생각해본다. 이는 "멈춰!"가 대중화되며 의도하지 않게 생겨난 긍정적 효과와 연결된다. 학교 현장의 이야기를 인용하자면, 분명 무언가 잘못된 것 같고 불편한데 너무 진지해보이거나 유난 떠는 것처럼 고민될 때면 "멈춰!"라고 이야기하는 학생들이 생겨났다고 한다. 그러한 말을 듣고도 괴롭힘이나 싸움을 이어가는 사람들은 오히려 진지하고 분위기 파악을 못하는 취급을 받고, 그러면 어느 순간 멈추게 된다는 것이다.

문턱 낮은 유쾌한 저항. 마치 자신을 고정된 틀 속에서 해석하고 규정하려는 시도에 대해 '왜 안 돼'라고 외치거나, 대체 추석이 무엇인지 반문하며 그 고정된 것처럼 보이는 본질을 뒤흔드는 김영민 교수의 글이 떠오르기도 한다.

그렇다. 제대로 준비해서 멈춰 프로그램을 운영하는 것도 중요하지만, 외치고 싶을 때 멈추라고 외칠 수 있게 되는 것 역시 중요하다. 가벼운 장난처럼 시작해도 가해자가 다수가 아님을 드러내다보면 누구나 쉽게 "멈춰!" 외칠 수 있게 된다.

멈추지 못하는 상황의 반복 속에서

그러나 약자를 동등한 시민으로 바라보지 않는 사회, 돈과 힘에 의한 서열이 당연시되는 사회, 비슷한 폭력의 패턴을 만들어내는 온 사회에 힘입어, 학교폭력은 잘 멈춰지지 못했다. 대신 가해자와 피해자의 시시비비를 가리는 법정 문제로 귀결되어왔다.

최근에는 더 강한 힘으로 보호하는 또다른 서비스 산업으로까지 확대되었다는 소식도 들려온다. 건장한 어른이 피해 학생의 삼촌인 척 행세하며 가해자에게 더 이상의 폭력 행위를 할 수 없도록 한다는, 이른바 삼촌 패키지와 같은 학폭 흥신소 사업이 그 예시이다.

학폭 흥신소 사업을 보며 철학자 찰스 아이젠스타인을 떠올리게 되었다. 그는 저서 『신성한 경제학의 시대』에서, 새로운 상품과 서비스가 우리 삶을 풍요롭게 해왔다는 경제학자들의 주장을 반박한다. 깊이 들여다보면 그런 것들이 채워주는 인간의 욕구는 전혀 새로울 것이 없다는 이유에서다. 가령 전화가 욕구를 채워주기 시작한 것은 기술과 문화의 발전이 사람들을 멀리 떼어놓고 확대가족과 지역공동체 등을 갈라놓으면서부터라거나, 기술과 문화가 아이들이 정말로 원하는 것(탐험과 모험, 상호작용의 욕구)을 빼앗아간 뒤 비디오게임의 형태로 되판다는 이야기이다.

학교 역시, 새로울 것이 없는 '안전함', '문제 해결'이라는 가상의 욕구를 만들어내고, 그를 충족하는 방식으로 문제를 해결하고 있는 것은 아닐까. 지금 당장의 당연하지 않은 안전함을 확보하기 위해 학폭 흥신소에 연락하는 사람들의 절박한 심정도 분명한 현실이므로, 일축할 수는 없겠지만 말이다.

돈을 지불하는 방식으로 욕구를 채워주는 것 같지만 끝없이 정교해지는, 동시에 협소해지는 동일한 욕구만을 채우게 되는 상황. 잠시나마 안전함을 취득하지만 또다른 힘의 관계는 존재하고 정당화되는 상황. 결국 누구도 욕구를 채우지 못하게 되는 딜레마. 어쩌다 이렇게 되었는가 개탄하는 것도 잠시, 사실 크게 놀랄 일은 아니라는 생각도 든다.

어쩜 이렇게 닮아있을까,
우리 사회가 안전을 규정하고 보장하는 방식과

강한 힘을 통해 더 안전해지려는 시도는 우리 사회에서 안전함을 규정하고 담보하는 방식과 똑 닮아있기 때문이다. 사회에서 이야기되는 '안전 보장'은 주로 국가 차원에서, 군사적인 영역으로 한정해 상상되고 발현된다. 전쟁이 끝나지 않았고 군사적 긴장이 존재한다는, 실존적 위협을 자극하는 정치적 해석이 절대적으로 여겨지니까.

학교폭력과는 다르게, 군사력은 이를 경쟁적으로 획득하려는 패턴과 경향성으로 발생하게 된다는 점에서 조금 더 복잡하고 문제적이기도 하다. 더 강한 무기와 더 힘센 군대를 통해 안전해지고자 하지만, 내 안전을 보장하기 위한 행위가 주변의 불안을 고조시키고, 더 강력한 군비를 추구하도록 만들어 끝없는 경쟁으로 이어지기 때문이다.

당연하게 누릴 수 있어야 하는 안전함은 군사적 위협으로 여겨지는 세력에 의해 박탈당한 것으로 여겨진다. 그렇지만 한 발짝 떨어져서 보면, 우리가 안전함을 갈구하는 행위는 새로운 안전함의 욕구를 만들어낸다. 국가와 국가가 연결되어 살아가는 이상 받아들여야 하는 끊임없는 굴레다.

2020년 기준 전세계 군사비 지출 총액은 미화 1,980억 달러다. 한국은 국방비 예산으로 50조원을 사용했다. 그리하여 얼마나 안전해졌을까? 더 많은 돈을 군사안보 영역에 지출하면 정말 안전해지는가? 애초에 안전함을 군사영역으로 한정하는 것은 정당할까? 사실 안전함은 무기가 없어도 되는데, 무기와 군대의 필요가 창조된 것은 아닐까? 필요의 창조로 인해 이익을 보는 사람은 누구일까?

광범위하게 비자발적인 멈춤의 순간을 직면하게 하는 감염병과 기후위기 덕분이라고 해야할까. 위 질문 자체가 도발적으로만 여겨졌던 때와 다르게, 교육 현장에서 군비를 증강하는 것으로는 구성원들의 안전이 충분히 지켜지기 어렵다는 생각, 군사안보 이외의 안보에 더 우선순위를 두고 정책적으로도 그를 반영해야 한다는 생각에 끄덕이는 사람들을 더 많이 만나게 된다. 지극히 합리적이고, 어떻게 보면 당연한 이야기이다.

"멈춰!"가 우스꽝스럽지만 문턱낮게 사용되는 시기. 코로나로 인해 안전에 대해 재정의해보게 되는 시기. 다양한 안보에 대한 공감대가 생겨나는 시기. '한반도 평화'로만 좁게 해석하는 경우 낙관적이지 않지만 천천히 살펴보면, 합리성에 기반한 평화적 상상과 실천이 확대되는 모멘텀이지 않은가 생각해보게 된다. 폭력에 직간접적으로 가담하지 않겠다는 선언으로서, "멈춰!"의 의미는 살리고 부족한 점은 보완하는 학교-일상-세계를 상상해본다. °

두려움이 '우리'를 '우리'로부터 구원할 거야

아영

2012년 9월, 평화와 교육, 평화와 일상을 연결하는 플랫폼, 피스모모(PEACEMOMO)를 동료들과 함께 창립했다. 사회혁신의 궁극은 이 세계에서 전쟁이 그치는 일이라 생각하며 자본과 소비를 중심으로 구성된 세상이 조금이라도 덜 나빠지는데 작은 힘이나마 보태고 싶어하는 사람, 실천적 사유에 관심이 많으며 한나 아렌트를 좋아하고 북한산이 보이는 집에서 새촘, 우아, 레오, 라라, 네 마리의 고양이와 함께 산다.

두려움이 '우리'를 '우리'로부터 구원할 거야
아영

연기 속에서 폭탄을 거둬들이고
아기들의 젖니를 거둬들이고
손바닥들을 거둬들이는 곳.
Harvest bombs
Harvest baby teeth
Harvest palms, smoke

"팔레스타인 난민 가정에 태어나 뉴욕에서 자란 이방인, 수헤어 하마드^{Suheir Hammad}는 그녀의 시에서 전쟁의 현장을 이렇게 표현했다. 그리고 그녀는 덧붙였다.

이미 폭발한 것을 두려워하지 말라.
만약 두려워해야 한다면
아직 폭발하지 않은 것들을 두려워하라.
Do not fear what has blown up
If you must
Fear the un-exploded.

폭격으로 무너진 잔해더미에서 들어 올려진 아기의 사진을 보았다. 돌도 채 지나지 않은 아기의 축 늘어진 몸. 작은 입엔 하얀 재가 가득하다. 우리는 살인자에 분노하고 살해당한 이를 애도한다. 하지만 그 살인이 집단적으로 일어나는 일에 대해서는 침묵한다.

이 침묵은 침묵을 원해서가 아니라 어떤 말을 해야 할지 모르기 때문에, 또는 어떤 말도 할 수 없기 때문일지 모른다. 하지만 반복된 침묵은 언어를 퇴화시켰고 퇴화된 언어들은 '전쟁'에 대한 사유를 점진적으로 도태시켰다. 언어는 우리의 사유를 결정짓고, 사유는 다시 언어를 규정한다는 면에서 전쟁이라는 것에 대한 우리의 사유와 언어는 도태되었다. 좀처럼 그것에 대해 생각하지 않는 것이다.

스베틀라나 알렉셰이비치가 쓴 『전쟁은 여자의 얼굴을 하지 않았다』에는 전쟁에 참전했던 한 여성군인의 이야기가 나온다. 반파된 함정에서 피흘리는 동료병사를 끼고 헤엄쳐 나왔는데, 그녀가 어렵게 구해 나온 것은 피흘리는 돌고래였다고. "난 그냥 다 불쌍해. 전쟁을 겪은 사람들도, 겪을 사람들도, 그냥 다 불쌍해." 그녀는 죽어가는 돌고래 곁에서 통곡했다고 이야기한다.

사랑하는 사람이 더 이상 살아있지 않게 되는 것, 소소하고 다정하던 일상이 무너진 자리에 국가는 위대함과 숭고함을 밀어 넣는다. 그리고 남겨진 슬픔들은 평소에는 숨겨져 있다가 절기마다 다시 기억되고 또 잊혀진다.

그리고 국가는 그 슬픔을 자랑스러워하라고 말한다. 희생과 고통, 숭고함과 위대함, 그 모든 것들이 지나고 나면 남는 것은 무엇인가. 결국은 더 이상 살아있지 못하게 된 사람의 몸, 무엇으로도 채워질 수 없는 상실, 그것에 지나지 않는 일이다. 다시는 만져볼 수 없는 따뜻한 몸. 아무리 몸부림쳐도 다시는, 정말 다시는 안아볼 수 없는 사람.

사람의 소멸에 대해 생각한다. 한 사람의 삶이 구성되어 온 켜켜한 시간들이 일시에 소거되는 죽음에 대해 생각한다. 한 사람이 사라지는 일이 어째서 이 세상을 온통 멈추지 못하는 것일까? 누군가의 세상이 무너졌을 때 다른 누군가 환호하는 세상의 야만, 그 그로테스크. 누구도 책임지지 않는 수많은 죽음은 특정한 권력의 전리품이 된다. 수없이 많은 한 사람들의 죽음이 어째서 한 국가의 성취이며 어떤 리더의 성과일 수 있는 것일까?

베를린, 기억의 자리

베를린에 처음 갔을 때, 여느 관광객들처럼 독일 통일과 관련한 흔적들을 찾아다녔다. 베를린장벽의 흔적은 공원을 지나 주택가 사이로도 이어졌는데, 인도를 따라 걷다 보니 바닥의 금속 표지들이 눈에 띄었다. 할리우드 스타의 거리를 생각하며 무심코 들여다봤는데, 표지의 내용들은 나의 기대와 전혀 달랐다. 그 표지들은 탈동독을 꿈꾸다 목숨을 잃은 자들의 기록이었다. 동독 사람들은 땅굴을 파고, 벽을 허물고, 서독과 맞닿은 집의 창문을 통해 경계를 넘었다. 지난한 시도 속에서 누군가는 탈출에 성공했지만, 또 다른 누군가는 목숨을 잃었다. 관광객들로 붐비는 체크포인트 찰리, 그 거리에서 한 블록 떨어진 곳에 또 다른 표지가 있다. 1962년 페터 페히터$^{Peter\ Fechter}$가 동독군의 총에 맞아 사망한 자리다. 그는 친구와 함께 베를린장벽을 넘을 계획을 세웠다. 이중의 장벽을 넘는 일은 결코 쉽지 않았다. 함께했던 친구 헬무트는 내벽과 외벽 모두를 넘어가는 데 성공했으나, 페터는 벽에 매달린 상태에서 총에 맞았다. 탄환은 그의 골반에 박혔고, 그의 몸은 장벽 아래 '죽음의 지대$^{dead\ strip}$'라 불리는 공간에 떨어졌다. 죽음의 지대, 동독과 서독 사이의 그 공간에 떨어진 몸. 그는 도움을 요청했지만 누구도 그를 구하지 못했다. 동과 서로 나뉜 그들이 서로에게 총구를 겨누고 있는 한 가운데, 그는 죽어갔다. 죽음의 지대, 동독과 서독 사이, 그 공간에 갇힌 몸. 그의 호흡이 다한 그 자리에는 금속 표지가 세워져 있고 한 문장이 새겨져 있다.

"…er wollte nur die Freiheit(그는 단지 자유를 원했다)."

지난 해, 북한 수역에서 북한군의 총에 목숨을 잃은 해수부의 공무원을 기억한다. 그가 과연 알려진 것처럼 월북 의사가 있었는지 아닌지, 나는 그의 마지막 마음을 결코 알지 못한다.

다만 아는 것은, 그가 영영 돌아오지 못했다는 사실이다. 언론이 그의 죽음을 대서특필하던 때, 북한의 잔혹함과 야만에 대한 분노와 혐오가 쏟아져 나오던 그 때의 미시감$^{Jamais\,vu}$을 기억한다. 2013년 강을 건너 북으로 가고자 했던 한 남성의 이야기. 남에서 북으로 가고자 했던 그는 남한군의 총격으로 사망했다. 수백 발의 총알이 쏟아지는 강의 표면에서 그의 망막에 맺혔을 마지막 이미지는 무엇이었을까. 그가 부표 삼아 몸에 묶었던 스티로폼 박스에 담긴 과자는 누구를 위한 것이었을까. '우리 군'에 의해 목숨을 잃었던 47세 남 씨의 죽음과, 북한군에 의해 목숨을 잃어야 했던 47세 이 씨의 죽음은 어떻게 같고 또 다른가. 그 북한군의 대응은 '우리 군'의 대응과 무엇이 얼마나 다른가.

전쟁은 진행 중이다. 느려지고 보이지 않게 되었어도 여전히 전쟁은 사람을 죽이고, 죽이고 또 죽이고, 계속해서 죽이고 또 죽이고 있다. 전쟁은 그저 죽음일 뿐이다. 불태우고 무너뜨리는 일. 무너진 그 잔해 속에서, 그 자욱한 연기 속에서 보송보송한 아가의 몸을 들어 올리는 일. 흩어진 몸의 파편들을 거두어들이는 일, 흩어진 젖니를 거두어들이는 것, 사람들의 손바닥을, 한 때 생생하게 살아있었던, 따뜻한 몸의 파편들, 차갑게 식어버린 한 때 살아있었던 존재들을 산산히 부수는 전쟁은 그저 죽음일 뿐이다.

한 소녀의 이야기를 들었다. 소녀가 12살일 때 18살이던 오빠는 전쟁에 징집되었다고 했다. 어느 지역에서 훈련받는다는 소식까지는 들었는데 다음 소식이 묘연해진 오빠를 그날 이후 다시는 만나지 못했다는 것이다. 그 소녀의 나이는 이제 일흔아홉이 되었고 잃어버린 오빠를 혹 찾을 수 있을까 싶어 10년마다 유전자 정보를 갱신한다고 했다.

사람, 악마, 사람.

어린 시절 가족과 함께 타이완으로 이주했던 한 수녀님으로부터 들은 일화다. 의사였던 아버지가 공산당 소년병이 복부에 입은 총상을 치료해주었다는 이야기를 듣고 소녀였던 수녀님은 수술하면서 공산당의 뱃속을 열어보았느냐고 뱃속의 살이 새까만 색깔이었냐고 물었다는 것이다. 이것은 타이완만의 특수한 경험이 아니다.

르완다 제노사이드 생존자들의 이야기를 보면 사람이 사람을 악마로 보게 되는 믿을 수 없는 과정이 담겨 있다. 후투족 지도자들은 투치족을 바퀴벌레로 규정했다. 그리고 매일 아침부터 밤까지 투치족을 죽이라는 프로파간다를 방송했다. 투치족을 죽이라는 방송이 마을 곳곳의 확성기를 통해 퍼지는 일상 속에서 마을은 나뉘었고 후투족 남편이 투치족 아내를 죽이고, 후투족 목사님이 투치족 성도를 죽이는 일들이 일어나기 시작했다. 걷잡을 수 없는 살육, 불과 얼마전까지만 해도 한 집에서 살았던, 한 마을에서 살았던 사람들 사이에 벌어진 일이었다.

누군가를 적으로 상정하는 것은 일정한 악마화^{demonization} 또는 비체화^{abjetction}을 수반해 왔다. 사람을 사람으로 보지 못하게 하는 힘이야말로 악마화가 가진 가장 강력한 힘이자 가장 끔찍한 폭력이다. 한국 사회 역시 마찬가지다. '빨갱이'라는 단어는 얼마나 많은 사람을 죽음으로 내몰았는가. 두려움도 없이 죄책감도 없이 사람들을 도륙할 수 있었던 야만은 그들이 '빨갱이'였기 때문에 가능했다. 그들을 '빨갱이'라고 믿을 수 있었던 그 믿음은 무엇에서 유래했을까?

사회의 메시지가 무엇을 담고 있는가? 국가교육과정의 명시적인 내용들은 바뀌고 있다 하더라도 사회 속에 잠재된 메시지들은 일상을 파고들어 '적'을 여전히 강조한다. 간첩신고 111에 대한 대중교통 안내멘트와 포스터는 매일 매일 르완다의 마을에 울려퍼지던 프로파간다와 어떻게 다르고 또 어떻게 닮아있는가?

각종 군사-안보 교육은 분단상태를 지속하게 하는 심적 토대와 구조를 만들어 가는데 가장 효과적인 수단이 되어왔다. 확실하고 안전한 우리만의 공동체를 확정하고자 하는 욕구는 불확실하고 불편한 타자를 배제하기에 유리한 조건을 만들었고 이는 또 배타적인 '우리'의 정체성을 확정했다. '하나됨'이 가지는 폭력성은 '우리'가 결정되는 이 지점에서 그 무서운 파괴력을 발휘한다.

노자는 도덕경에서 전쟁에서 이기고 돌아오는 군대를 맞을 때에는 장례의 예를 갖추어 맞으라고 했다. 전쟁에서 수많은 사람을 죽이고 또 잃었으므로 그렇게 하는 것이 옳다고. 전쟁은 끝없는 장례의 행렬, 끝없는 통곡, 끝없는 애통함, 끝없는 그리움, 영원히 지속될 부재에 다름 아니다. 그러므로 지금 우리에게 필요한 것은 이길 수 있다는 믿음, 함께 싸워서 적을 물리치자는 마음이 아니다. 두려워해야 한다면 '우리'가 심어둔 전쟁의 씨앗들, 아직 폭발하지 않았지만 언제라도 폭발할 수 있는 그것들을 두려워해야 한다. 그 두려움을 인정하는 겁쟁이들만이 '우리'를 '우리'로부터 구원할 수 있다. °

/ 해제
폭력의 타래를 풀어내고 평화로 향하려면
조서연

얼마 전, 평화운동단체 '전쟁없는세상'이 마련한 온라인 상영회에서 〈희망의 씨앗(Seeds of Hope, 1996)〉이라는 다큐멘터리를 보았다. 구약 성경 이사야서에서 따 온 구절인 "무기를 쟁기로"를 모토로 삼은 플라우쉐어Ploughshares 운동에 참여한 여성 활동가들의 이야기였다. 이들은 인도네시아의 동티모르 공격에 쓰일 호크기의 수출을 막기 위해 영국 굴지의 군수산업체 BAE의 무기공장에 망치를 들고 잠입, 호크기를 열심히 두들겨 망가뜨리고 평화를 요구하는 현수막을 그 자리에 내걸었다. 영국의 무기 수출이 국제법에 어긋난다고 주장하며 진행된 이 직접행동은 애초의 예상과 달리 배심원단의 무죄 판결을 받아내면서 평화운동의 역사에 이정표를 남겼다고 한다.

30분이 채 되지 않는 다큐멘터리를 보면서 만감이 교차했다. 망치질의 현장을 담아낸 영화의 편집 리듬이 혁명을 향한 운동의 감각을 생생하게 표현해내는 한편으로, 20여 년의 징역형을 각오하고 직접행동을 감행한 활동가들의 태도는 비장하거나 영웅적이기는커녕 너무나 태연하고 유머러스하다는 점이 우선 놀라웠다. 준법정신을 지닌 시민으로서 과격한 '불법 행동' 같은 것은 상상해 본 적도 없지만 재판을 통해 그 정당성을 알게 되었다며 법정 앞에서 활짝 웃는 한 활동가 가족의 술회 또한 인상적이었다. 그런데 이 기념비적인 판결이 이후 BAE의 무기 수출까지 막아내지는 못했던 모양이다. 영화는 영국 노동당 정부 하에서 결국 아홉 대의 호크기 수출이 승인되었다는 자막을 띄우고, 그럼에도 저항을 이어가는 활동가들의 모습을 보여주며 끝을 맺는다. 이를 두고 상영회 참석자들과 함께 나눈 질문들이 여태껏 머릿속을 맴돈다. 당장 이기지 못할 것을 알면서도 꾸준히 맞서 나간다는 것은 어떤 일일까, 소위 비합법적인 행동에 대한 사회 일반의 거부감 속에서 어떻게 활동해야 할까, 폭력에 대항하는 운동의 즐거움을 어떻게 찾아내고 알릴 수 있을까 등등.

피스모모의 이번 기획, 『폭력에 관하여』의 글들을 읽으면서 이 질문들을 다시금 떠올리고 곱씹어 본다.

* * *

플라우쉐어. 무기를 두드려 쟁기로 만든다는 이 운동은 1980년 미국의 가톨릭 신부였던 베리건 형제에 의해 처음 시작되어, 앞서 적은 1996년 앤지 젤터와 동료들의 직접행동을 통해 유명해진 평화운동의 한 사례다.[1] 그런데 이처럼 무기와 쟁기를 대응시키는 수사법은 반핵 운동 이전에도 이미 사용된 바 있다. 1963년 미국 아이젠하워 정부의 '프로젝트 플라우쉐어'가 그것이다. 히로시마와 나가사키에서의 원폭이 큰 상처를 남긴 이후에도 핵에너지 연구의 정당성을 찾고자 했던 과학자들, 핵무기에 대한 대중의 거부감을 누그러뜨리고자 했던 냉전 시기 정치인들의 욕구가 맞물려 진행된 이 프로젝트는 핵발전 개발과 더불어 토건 사업에서 핵폭탄의 소위 '평화적' 활용을 지향했다.[2]

하늬의 글, 「질문을 던졌다, 내 몸을 감각하고 싶어서」는 이처럼 핵무기로부터 나온 핵발전소가 수많은 생명을 오랫동안 서서히 잠식해가는 문제를 글쓴이 자신의 경험을 경유하여 확장적으로 다룬다. 미국 정부의 '프로젝트 플라우쉐어'는 핵무기와 핵발전소가 서로 분리 가능한 별개의 차원에 있는 것처럼 간주하는 프레임을 사용하지만, 하늬의 글은 둘 사이의 관계가 옛날 옛적의 기원 정도가 아니라 현재에도 서로 떼려야 뗄 수 없는 것임을 분명히 지적한다. 자신의 몸이 질

---

[1] 이용석, 『평화는 처음이라』, 빨간소금, 2021, 154~157쪽 참조. 이 책에는 앤지 젤터가 제주 강정마을 해군기지 반대 운동에 참여하면서 구럼비 바위를 가로막은 철조망을 절단기로 끊다가 연행되어 한국에서 추방된 사례도 소개되어 있다.

[2] 물리학자 최형순은 최근 한 신문 칼럼을 통해 이 "황당한" 프로젝트를 소개하면서, 과학적 전문성이라는 포장지로 감싼 정치적 욕망의 존재를 세심히 인식할 것을 주문하기도 했다. (최형순, 「쟁기날 프로젝트와 전문성의 장막」, 『한국경제』, 2021.04.14.) (https://www.hankyung.com/opinion/article/2021041436381)

병을 겪게 된 이유가 무엇인지에서부터 출발한 하니의 질문은 체르노빌과 후쿠시마를 거쳐 지난 5월 동해에서 벌어진 미군 핵잠수함의 사격 훈련에까지 이르고, 서구 열강의 식민지였던 지역 선주민들이 오랜 핵실험으로 인해 입은 피해의 조직적 은폐를 거쳐 현재에도 "바다 저 깊숙한 생태계가 얼마나 파괴되고 있을지"(19쪽)에 대한 물음에까지 이른다. 질병을 감당하는 것이 개인의 몫으로 떠넘겨지는 동안 그 근본적 원인이 되었던 폭력의 구조가 가려진다는 사실을, "그 원인들이 여전히 존재하고 다른 존재와 몸들에게도 치명적인 영향을 준다"(23쪽)는 사실을 알게 된 이상, 이전으로 돌아갈 수는 없다는 것이다.

"누군가의 '안전'을 빌미로 진행되었던 전쟁 준비는 누군가의 몸을 가장 안전하지 않은 상태로 만들어 버렸다"(22쪽)는 하니의 문제의식이 흔히 생각하는 안보 개념의 허구성과 폭력성을 지적한다면, 이어지는 광희의 글 「춘천: 분단과 전쟁의 기억들」은 춘천에 있는 에티오피아 한국전 참전기념관을 찾는 기행문의 형식으로 안보 서사의 이면을 들추어낸다. 글쓴이는 용산역에서 출발하여 춘천역에서 하차하는데, 이 여정은 실상 반환된 미군기지들을 오가는 길이나 다름없는 듯하다. 춘천역 건너편, 펜스 너머로 길게 뻗은 옛 캠프 페이지 부지를 응시하는 글쓴이의 발길은 우선 장우진 감독의 단편영화 〈1972, 캠프페이지〉가 상영되는 '예술소통공간 곳'으로 향한다. 1972년 기지 내에서 발생한 핵무기 사고와 은폐, 2011년의 뒤늦은 폭로, 바로 근처에서 고등학교를 다녔음에도 2020년에야 이 사실을 접한 감독의 충격을 담아낸 작업.

미군은 다른 곳으로 떠났지만, 그들이 55년 동안 한 장소를 '점령'하며 진행했던 전쟁 준비의 흔적은 춘천의 생태계에 고스란히 남아 언제 끝날지 모를 독성을 내뿜는다.

주한미군 기지를 둘러싼 문제제기는 민족주의적 반미의 시대 이후에도 페미니즘, 소수자, 공동체, 평화주의, 생태주의 등 그 관점을 꾸준히 갱신하고 다각화하며 이루어져 왔다. 주한미군 주둔의 역사가 길어지면서, 이제 이 문제는 세대를 갈음하며 기억과 발견의 차원으로 넘어오고 있기도 하다. 이때 관건은 누구의 자리에서 무엇을 어떻게 바라보느냐에 달려 있을 것이다. 그렇게 이야기가 바뀔 때 비로소 배제된 존재와 가려진 고리가 드러나 변화를 만들 수 있기 때문이다. 광희의 카메라는 "안보라는 이름에 감춰진 파괴와 오만"(33쪽)이 남겨진 '분단의 현장'이라는 렌즈를 통해 춘천을 낯설게 돌아본다. 그가 계획에 없이 들르게 된 춘천문화원의 〈평양시민사진전〉에서 느낀 공허함은 "국가가 자신의 정당성을 확보하기 위해 만들어내는 대표적인 서사이자 기제"(34쪽)로서의 프로파간다와 이데올로기를 "탈색"하는 것이 억압에 대한 적절한 대응일 수는 없다는 점을 시사한다. 이윽고 애초의 행선지였던 에티오피아 한국전 참전기념관으로 간 그의 눈길은 국가가 기록한 에티오피아 강뉴 부대의 수량화된 서사 너머를 향한다. "누구와 싸우는지도 모른 채 전쟁에 휩쓸려 다녔"던 병사들의 위상은 에티오피아의 공산화 이후 "국가의 이데올로기가 바뀜에 따라 영웅의 서사가 적대의 서사로 바뀐"다. 여기에서 글쓴이는 "국가가 원하는 방식대로 영웅화 되거나, 희생, 헌신의 이름으로 명명될 뿐"이었던, "실제 전투에 참여한 사람들이 전후에 겪어야 하는 트라우마"(37쪽)를 들여다보고 싶어 한다.

하니의 글이 전쟁을 추동한 폭력의 "원인들이 여전히 존재하고 다른 존재와 몸들에게도 치명적인 영향을 준다"(23쪽)는 점을 호수에 던져진 돌멩이가 만든 물결처럼 펼쳐 보여준다면, 광희의 글은 같은 사건을 누가 언제 어떻게 바라보느냐에 따라 달라지는 기억들의 페이지를 들추어낸다. 의문의 답을 찾지 못하고 돌아서는 광희의 시선이 마지막으로 닿은 것이 마침 남춘천역 앞을 행진하던 '태극기 부대'인 것은 우연이 아니었던 듯하다. 글 속에서 말하듯, 거리에 나온 이들은 대개가 "한국전쟁과 베트남전쟁을 직간접적으로 체험한 세대"(37쪽)이기 때문이다. 분단과 전쟁, 파병과 학살을 둘러싼 공식적 담론과 대항 담론 중 어디에도 온전히 정박하지 못하는 그들의 기억과 경험은 너무나 복잡하고 아득하다.

* * *

군사적 폭력의 거대한 구조는 전쟁을 통해 이득을 얻는 국가들, 이데올로그들, 전쟁 장사꾼들, 일시적인 비인간의 상태로 전락한 채 총을 들고 이후의 끝없는 트라우마까지 감내하는 군인들, 그 총과 무기에 목숨을 잃거나 오랫동안 널리 고통받는 사람들과 그 후손들, 파괴되는 생태계의 뭇 생명들까지를 광폭하게 묶으며 굴러간다. 이렇게 생각할 때, 에티오피아의 한국전쟁 참전'기념관'을 나선 광희의 여정이 태극기 부대와의 조우로 마무리된 것은 어느 하루의 단순한 우연이라 하기 힘든 일일 테다. 이처럼 얽히고설킨 폭력의 타래를 감지하고 풀어내며 비폭력과 평화를 향하려면, 대체 무엇을 어떻게 해야 할까? 거창하게 생각하자면 한없이 요원하고, 그렇다고 이 모든 것을 단번에 끊어내는 마법의 칼 같은 것도 존재할 리 없으니 말이다.

앞선 두 글이 크게 보아 전쟁으로부터 비롯한 폭력의 깊고 넓은 흔적을 돌아본다면, 영철의 글 「"멈춰!"에 대한 단상」은 학교폭력의 현장을 돌아보면서 안전, 안보에 대한 인식을 전환하자는 제안을 건넨다. 우스꽝스러운 탁상행정이라 비웃음을 샀던 "멈춰!" 프로그램이 의외로 여러 학교에서 효력을 발휘할 수 있었던 것은 그 우스움이 오히려 "문턱 낮은 유쾌한 저항"(46쪽)을 만들어낸 덕분이라고 한다. 이처럼 "같이 "멈춰!"를 외치는 주위 사람들의 적극적인 개입"(45쪽)을 상상할 수 없는 사회에서 안전을 원하는 개인은 법적 시스템이나 흥신소 서비스 산업 같은 더 강한 힘에 의탁하게 되고, 결국 폭력의 패턴은 반복되고 강화된다는 점을 영철의 글은 짚어내고 있다. 이는 "더 많은 돈을 군사안보 영역에 지출하면 정말 안전해지는가?"(49쪽)라는 물음으로 이어지면서, 앞서 하늬의 글, 광희의 글에서 지적된 군사화된 안보의 허명이라는 문제와 공명한다. 교육 현장에서의 폭력에 대한 미봉책의 대응과 군사안보의 효용에 대한 오랜 통념을 겹쳐 보면서, 영철의 글은 감염병과 기후위기가 불러온 "광범위하게 비자발적인 멈춤의 순간"을 오히려 "평화적 상상과 실천이 확대되는 모멘텀"(50쪽)으로 삼아볼 수 있지 않겠느냐는 희망을 나누려 한다.

영화 〈희망의 씨앗〉 이야기로 잠시 돌아가 보자. 플라우쉐어 활동가들은 망치로 무기를 부수는 직접행동 자체보다 더 중요한 것은 이 행동의 이유를 사람들에게 알려내고 공감대를 얻어내는 일이라고 말했다. 영철의 글이 "가해자가 다수가 아님을 드러내는"(47쪽) "멈춰!"의 놀라운 힘에 주목했던 것 역시 이와 상통할 것이다. 비록 승소 후에도 BAE의 지속적인 무기 수출을 원천적으로 멈추지는 못했지만, 침묵하지 않는 사람들의 존재는 계속해서 드러나고 또 늘어난다. 자칫하면 삶의 대부분을 감옥에서 보내게 될 수 있을 만큼 위험한 직접행동을 플라우쉐어 활동가들이 감행할 수 있었던 힘은 무엇일까? 한 마디로 명쾌하게 정리할 수는 없겠지만, 그 힘의 한구석에는 모종의 두려움이 자리하고 있었으리라 짐작해 본다. 아영의 글 「두려움이 '우리'를 '우리'로부터 구원할 거야」는 바로 그 두려움에 대해 이야기한다. 플라우쉐어 활동가들에게 BAE의 호크기는 방위산업의 수출품이 아니라 동티모르의 수많은 구체적인 생명을 앗아갈 살상 무기였고, "끝없는 장례의 행렬, 끝없는 통곡, 끝없는 애통함, 끝없는 그리움, 영원히 지속될 부재"(61쪽)를 불러오는 전쟁의 도구였을 것이다.

아영의 글에는 수많은 이들의 구체적인 이름, 삶, 그리고 얼굴들이 등장하고 있다. 아영이 불러낸 이들을 이 글에서 다시 받아적어 본다. 폭격에 무너진 잔해 속 갓난아기의 몸, 전쟁 중 반파된 함정에서 피 흘리며 죽어가는 돌고래, 1962년 베를린 장벽을 넘어가다 동독군에 살상당한 페터 피히터, 2020년 연평도 해역에서 북한군에 피살당한 47세의 해수부 공무원 이모 씨, 2013년 월북을 시도하다 남한군의 총격에 사망한 47세의 남모 씨, 18세에 징집당한 후 67년째 소식이 없는 어떤 소녀의 오빠, 복부에 총상을 입고 병원에 실려 온 타이완의 공산당 소년병, 매일같이 이어진 르완다의 제노사이드에서 희생된 투치족 사람들…. 아영의 글에서, 이 호명들은 사람이 사람을 사람으로 보지 못하고 적으로 상정하기 위해 수반되는 "악마화demonization 또는 비체화abjection"(60쪽)에 맞서기 위한 한 방편으로 작용한다. 하늬의 글이 20세기의 전쟁과 핵무기 개발로부터 발생한 여파를 끊임없이, 지금도 맞고 있고 앞으로도 맞게 될 몸들을 불러내고, 광희의 글이 분단과 냉전 체제에서 영문을 미처 다 모르고 떠돌게 된 삶들과 기억들을 들여다보는 것은, 아영의 글이 말하는 "침묵"을 깨뜨리는 일, 영철의 글이 제안하듯 "멈춰!"를 연이어 시도하는 일과 한데 어울린다. '우리'라고 상정되는 배타적인 집단의 상상된 '안전'을 도모하는 군사적인 안보가 기실 특정한 존재들과 생명들을 치명적인 위험으로 내모는 일이라는 점을 직시해야 한다고, 바로 이 수많은 파괴와 죽음을 두려워해야 한다고 이들은 입 모아 말하고 있다.

* * *

아영은 분단 상태를 지속시키는 군사-안보 교육이 끊임없이 조장하는 불안의 감각과 안전에의 욕구, 즉 "확실하고 안전한 우리만의 공동체를 확정하고자 하는 욕구는 불확실하고 불편한 타자를 배제하기에 유리한 조건을 만들었고 이는 또 배타적인 '우리'의 정체성을 확정했다"(60쪽)고 지적한다. 이를 읽으며, 마침 9.11 테러 20주기를 즈음하여 글을 마무리하는 나의 마음을 적지 않을 수 없다. 지난 20년간 중동 지역의 셀 수 없는 생명을 파괴하고 삶의 터전을 잃은 수많은 난민을 양산해오고 있는 전쟁들의 출발점에는 '테러와의 전쟁'이라는 미국발 안보 정당화의 수사가 놓여 있었다. 그리고 현재 한국 사회는 이렇게 떠밀려 온 난민들을 '우리' 버전의 안보 논리를 내세워 다시금 배척하는 중이다. 미국과 결탁한 한국 정부와 군 당국 및 재벌 자본이 깊숙이 개입했던 베트남전쟁의 종전 이후, 베트남을 떠나온 난민들이 남북한 분단 체제의 안보 프로파간다에 이용되고 배척되었던 일이 문득 떠오른다. 구체적인 문제 해결과 실질적인 평화를 위해서는 서로 다른 사안들을 무턱대고 섞어버리지 않고 각각의 개별성을 섬세히 따져야 함은 물론이다. 그럼에도 이 일들이 별개로 보이지 않는 것은, 폭력과 배척의 돌림노래가 '안전'과 '안보'라는 후렴구를 공유하며 끊임없이 이어지는 양상 때문이다. 진정 두려워해야 할 것을 정확하게 두려워할 때, 구체적인 생명을 지고 있는 삶들을 살리려는 마음을 그 두려움의 근원에 놓을 때 비로소 평화를 모색하고 변화를 만들어낼 수 있을 것이다. 어떤 이들에게는 이런 말들이 추상적이고 막연하고 비현실적이고 이상적인 태도처럼 보일지 모르겠다. 하지만 나는 불안을 동력으로 삼는 당장의 안보 논리보다 비폭력과 평화를 선택하는 것이 훨씬 현실적인 태도라고 믿는다. 『폭력에 관하여』의 글쓴이들 또한 그와 같은 마음이리라 생각해 본다. °

피스모모는
피스모모는 평화와 배움, 평화와 일상을 연결하는 플랫폼입니다. 서로배움을 통해 평화커먼즈(peace commons)를 실천하는 시민공동체를 확장해갑니다.
www.peacemomo.org

/The Slash는
더슬래시는 평화와 커먼즈의 관점에서 현실을 조망하고 사유하는 언론을 표방합니다. 현실은 고정되어 있지 않으며 수많은 만남 속에서 변화하고 또 변화합니다. 그렇기에 더슬래시는, 그 변화의 방향이 '모두의 것으로서의 평화'를 향하도록 고유한 속도와 목소리로 이야기하고자 합니다.
www.theslash.online